Stoffmalerei Kindermotive

Ideen über Ideen
Stoffmalerei
Kinder-motive

Monika Neubacher-Fesser

Fotos: Roland Krieg

FALKEN

Von derselben Autorin sind im FALKEN Verlag bereits erschienen:
Kreative Seidenmalerei (Nr. 4720) und
Stoffmalerei T-Shirts (Nr. 1488, mit Dieter Köhnen).
Diese und weitere Titel der Reihe „Ideen über Ideen" sind überall dort erhältlich,
wo es Bücher gibt.

Das Nachbilden der Modelle ist ausschließlich zum privaten Gebrauch gestattet. Alle in diesem Buch veröffentlichten Modelle sind urheberrechtlich geschützt und dürfen nur mit ausdrücklicher Genehmigung des Verlags gewerblich genutzt oder ausgewertet werden.

Dieses Buch wurde auf chlorfrei gebleichtem und säurefreiem Papier gedruckt.

Die Deutsche Bibliothek – CIP-Einheitsaufnahme

Stoffmalerei Kindermotive / Monika Neubacher-Fesser. Fotos:
Roland Krieg. – Niedernhausen/Ts. : FALKEN, 1996
   (Ideen über Ideen)
   ISBN 3-8068-1718-9

ISBN 3 8068 1718 9

© 1996 by Falken-Verlag GmbH, 65527 Niedernhausen/Ts.
Die Verwertung der Texte und Bilder, auch auszugsweise, ist ohne Zustimmung des Verlags urheberrechtswidrig und strafbar. Dies gilt auch für Vervielfältigungen, Übersetzungen, Mikroverfilmung und für die Verarbeitung mit elektronischen Systemen.

Umschlaggestaltung: Andreas Jacobsen
Lektorat: Sabine Fels, Renningen
Redaktion: Regine Felsch
Herstellung: Anke Sprey
Titelbild: Roland Krieg, Waldkirch
Fotos: Roland Krieg, Waldkirch
Zeichnungen: Monika Neubacher-Fesser (Vorlagemotive ab Seite 57);
Daniela Schneider, Frankfurt/M. (Seite 10–13)

Die Ratschläge in diesem Buch sind von der Autorin und vom Verlag sorgfältig erwogen und geprüft, dennoch kann eine Garantie nicht übernommen werden. Eine Haftung der Autorin bzw. des Verlags und seiner Beauftragten für Personen-, Sach- und Vermögensschäden ist ausgeschlossen.

Satz: Falken-Verlag GmbH, Niedernhausen/Ts.
Druck: Appl, Wemding

817 2635 4453 6271

INHALT

So wird's gemacht 6

Farben und Pinsel 8
Stoffmalfarben 9
Pinsel 9

Vorlagen übertragen 10
Aufbügelvorlagen 10
Schneiderkopierpapier 10
Bügelkopierstift 11

Ausarbeitung 12
Einfarbig ausmalen 12
Schattieren 12
Details 12
Fixieren 13
Eigene Entwürfe 13

Fröhliche Motive 14

1, 2, 3 - Zahlenspielerei 16
A, B, C 18
Vier kleine Schweinchen 20
Kuschelbär 22
Elefant auf hoher See 24
Ente 26
Tanzende Clowns 28
Zarte Blütenranken 30
Froschkönig 32
Erdbeerquark vom Mäusekoch 34
Kunterbunte Autoparade 36
Buchstabenbär 38
Leopard auf dem Rad 40
Badetuch und Lätzchen 42
Jonglierender Clown 44
Auf großer Fahrt 46
Alle Vögel sind schon da 48
Gespensterstunde 50
Tiger vor, noch ein Tor! 52
Stoffbilderbuch 54

Aufbügelvorlagen 57

So wird's gemacht

FARBEN UND PINSEL

Stoffmalfarben

Stoffmalfarben zählen zu den pigmenthaltigen Textilfarben. Die auf den Stoff aufgetragene Farbe dringt nicht, wie beispielsweise bei dampffixierbaren Seidenmalfarben, in die Faser ein, sondern deckt mehr die Stoffoberfläche ab. Im Hobbyfachhandel werden Stoffmalfarben in unterschiedlichen Produktformen angeboten, zum Beispiel in Glas- oder Plastikfläschchen, in Tuben oder als Stifte.

Stoffmalfarben in Fläschchen sind flüssig und wasserverdünnbar, und die verschiedenen Farbtöne lassen sich leicht untereinander mischen. Die Farben werden mit dem Pinsel auf die Stoffoberfläche aufgetragen. Sie eignen sich gleichermaßen für Textilien aus reiner Baumwolle wie für Mischgewebe oder Synthetiks.

Achten Sie beim Kauf der Farben darauf, ob die Farben zum Bemalen heller oder dunkler Stoffe geeignet sind. Farben für dunkle Stoffe decken stärker.

Stoffmalfarben in Tuben (Liner) sind sehr dickflüssig und fließen aus einer feinen Tülle, die an die Tube geschraubt ist oder wird. Mit dieser Tülle lassen sich besonders gut dünne Linien wie etwa die Umrisse eines Motivs ziehen. Wenn die Farbe direkt aus der Tube auf den Stoff aufgetragen wird, sind die verschiedenen Farbtöne allerdings untereinander nicht mischbar. Auch zum Ausmalen größerer Motivflächen sind Tubenfarben nicht geeignet – es sei denn, man drückt sie vorher heraus und vermalt sie mit einem Pinsel.

Stoffmalfarben für Spezialeffekte wie etwa Glitter, auch Plusterfarbe (Frottee-Effekt), Metallic- oder Lackfarbe werden oft nur in Tuben angeboten.

Stoffmalstifte sind eine Alternative für diejenigen, die nicht mit dem Pinsel malen möchten. Sie werden wie Filzstifte benutzt. Es gibt Stoffmalstifte, mit denen Sie sowohl feine Linien ziehen als auch Motivflächen anlegen können, aber auch solche Stifte, mit denen sich ausschließlich linear oder nur flächig gestalten läßt.

Damit Stoffmalfarben licht- und waschecht sind, empfehlen manche Farbhersteller eine Bügelfixierung (siehe auch die Hinweise auf Seite 13).

Pinsel

Zum Auftragen der Farben auf den Stoff eignen sich *Borstenpinsel* am besten, denn mit ihnen lassen sich auch größere Farbflächen gleichmäßig bearbeiten. Für die Feinheiten und alle dünnen Linien wählen Sie einen *Haarpinsel*. Darüber hinaus führen einige Farbhersteller auch spezielle *Stoffmalpinsel*, meist aus Synthetikmaterial, in ihrem Sortiment.

Wird ein einfaches und flächiges Motiv mehrfach benötigt, wie etwa die Badetuch-Ente auf Seite 42/43, so erleichtert und beschleunigt ein *Stupf- oder Schablonierpinsel* die Arbeit.

VORLAGEN ÜBERTRAGEN

Zum Übertragen einer Vorlage gibt es drei verschiedene Methoden. Für welche Sie sich entscheiden, hängt von Motiv und Stoff ab.

a) Ein Karton verhindert das Durchdringen der Konturenfarbe auf die untere Stofflage

b) Durch Aufbügeln lassen sich die Vorlagen aus diesem Buch einfach übertragen

c) Das Motiv zeichnet sich zart auf dem Stoff ab

Aufbügelvorlagen

Zu allen Motiven in diesem Buch finden Sie im Anhang eine Motivvorlage zum Aufbügeln, die sich an der eingestanzten Perforation problemlos herauslösen läßt. Die entsprechende Nummer entnehmen Sie der jeweiligen Materialliste.

Zum Aufbügeln sind weiße oder helle farbige Textilien aus Baumwolle oder Mischgewebe geeignet. Der verwendete Stoff sollte zuvor gewaschen (appreturfrei), getrocknet und glatt gebügelt sein. Besteht die Textilie aus zwei Stofflagen (wie zum Beispiel ein T-Shirt oder ein Kissenbezug), verhindert ein eingeschobener Karton, daß die Kontur des Motivs auch auf der zweiten Lage sichtbar wird (**Abb. a**).

Damit die Kontur des Motivs auf dem Stoff haftet, wird die Vorlage von der Rückseite, also mit dem aufgedruckten Motiv nach unten, etwa 20 bis 30 Sekunden bei Einstellung Baumwolle gebügelt (**Abb. b**).

Achten Sie beim Bügeln darauf, die Seitenzahl auszusparen, damit sie nicht auch übertragen wird. Beachten Sie, daß das Motiv nach dem Aufbügeln seitenverkehrt (zur Vorlagenzeichnung) auf dem Stoff erscheint (**Abb. c**).

Schneiderkopierpapier

Auf dunklen farbigen oder schwarzen Stoffen wäre die Kontur des aufgebügelten Motivs nur schlecht oder gar nicht zu erkennen. Die Vorlage sollte in diesem Fall deshalb nicht aufgebügelt, sondern in einem anderen Verfahren übertragen werden: Pausen Sie das Aufbügelmotiv mit einem Bleistift auf Transparentpapier (oder Entwurfspapier) durch. Legen Sie dann **helles** Schneiderkopierpapier auf den Stoff (mit der beschichteten Seite nach unten), und plazieren Sie darauf die abgepauste Vorlage mit dem Motiv nach unten. Es zeigt sich dann seitenrichtig. Nun auf dem Transparentpapier mit einem Stift unter leichtem Druck die Konturen des Motivs nachziehen, die sich auf den Stoff durchdrücken und als helle Linien sichtbar werden (**Abb. d**).

Auf die gleiche Weise lassen sich auch eigene Entwürfe oder Vorlagen, die für eine andere Kreativtechnik wie etwa Tiffany oder Seidenmalerei gedacht sind, auf einen Stoff Ihrer Wahl übertragen. Übrigens können Sie sich das Nachziehen der Konturen auf Transparentpapier und das Wenden sparen, wenn Sie gleich eine seitenrichtige Vorlage auf dem Kopierpapier plazieren.

Ein Tip: Etwas Kreppklebeband verhindert, daß die Vorlage verrutscht.

Bügelkopierstift

Sie können sich auch einfach eine eigene Aufbügelvorlage – für helle Stoffe – herstellen. Bei einer seiten*richtigen* Vorlage dazu das Motiv mit Bleistift auf Transparentpapier durchzeichnen, das Transparentpapier umdrehen und die Linien auf der Rückseite mit einem Bügelkopierstift nachziehen (**Abb. e**). Das Papier nochmals umdrehen und mit den Bügelstiftlinien nach unten auf den Stoff legen (es ist jetzt seitenrichtig). Das Transparentpapier dann von hinten bügeln, bis das Motiv auf dem Stoffuntergrund sichtbar wird (**Abb. f**). Das Motiv kann zwei- bis dreimal aufgebügelt werden, bevor die Linien erneuert werden müssen.

Übrigens sparen Sie einen Arbeitsschritt, wenn die Vorlage bereits seiten*verkehrt* ist, so wie die Motivvorlagen aus diesem Buch, die Sie vielleicht mit einem Fotokopierer vergrößert haben. Dann zeichnen Sie die Konturen einfach sofort mit dem Bügelkopierstift auf Transparentpapier nach – fertig ist das neue (größere) Aufbügelmotiv!

d) Bei dunklen Stoffen überträgt man die Vorlage mit hellem Schneiderkopierpapier auf den Untergrund

e) Mit einem Bügelkopierstift läßt sich leicht eine eigene (spiegelverkehrte) Vorlage herstellen ...

f) ... und auf den Stoff aufbügeln

AUSARBEITUNG

Einfarbig ausmalen

Der Arbeitsplatz wird mit Zeitungen geschützt. Bei zweilagigen Textilien schieben Sie zusätzlich einen Karton zwischen Vorder- und Rückseite, falls noch nicht beim Aufbügeln des Motivs geschehen.

Flüssigfarben müssen Sie vor dem Malen immer gut aufrühren, denn die Farbpigmente setzen sich gern am Boden des Gefäßes ab.

Große Flächen lassen sich am besten mit einem Borstenpinsel ausmalen. Da Stoffmalfarben auf dem Stoff nicht fließen, müssen sie mit dem Pinsel gleichmäßig verstrichen werden (**Abb. h**).

h) Mit einem Borstenpinsel wird einfarbig grundiert

Schattieren

Die Motive wirken plastischer, wenn einige Farbflächen schattiert werden: Dazu muß die Farbe mit weichem, natürlichem Übergang zur Schattenzone hin leicht abgedunkelt werden.

Da Stoffmalfarben im Gegensatz zu Seidenmalfarben nicht von selbst ineinander laufen, sind sanfte Farbübergänge nicht so einfach herzustellen, aber dennoch kein Problem. So geht es am einfachsten: Zunächst werden einzelne Motivteile mit einem helleren Farbton grundiert und stellenweise, oft im Randbereich, mit einem dunkleren Farbton übermalt (**Abb. i**).

Die schönsten und gleichmäßigsten Verläufe gelingen, wenn die Farben naß in naß gegeneinander gemalt werden. Nehmen Sie hierzu einen Borstenpinsel, tragen Sie zunächst nur die helle Farbe partieweise auf, und streichen Sie die dunklere Farbe zügig in und gegen diesen Ton, bis ein sanfter Übergang entsteht (**Abb. g**).

i) Ein etwas dunklerer Farbton sorgt für Schattierungen

g) Hier entsteht eine Schattierung durch ein Gegen- und Ineinandermalen

Details

Details werden mit einem dünnen Haarpinsel eingezeichnet; hier können auch Stoffmalstifte die Arbeit erleichtern (**Abb. j**).

Umrißlinien lassen sich auch mit speziellen Effekt-Linern oder mit Plusterfarben aus der Tube betonen. Achten Sie beim Auftragen einer Tubenfarbe auf möglichst gleichmäßigen Druck, damit die Farbe langsam und beständig fließt, so daß saubere Linien entstehen.

j) Details lassen sich mit dünnem Pinsel, mit Stoffmalstift oder Liner zeichnen

k) Das fertige trockene Motiv wird von hinten gebügelt

Fixieren

Damit Ihre Stoffmalerei nicht ausbleicht und auch mehrere Wäschen übersteht, müssen einige Farbsorten fixiert werden. Richten Sie sich aber unbedingt nach den Angaben des Herstellers, denn inzwischen gibt es bereits Farben, die keine Nachbehandlung brauchen.

Alle anderen Farben werden in der Regel fixiert, indem Sie die bemalten Stoffpartien von der Rückseite etwa 5 Minuten bei Einstellung Baumwolle bügeln (**Abb. k**). Bei empfindlicheren (Synthetik-)Stoffen darf die Temperatur nicht zu hoch eingestellt sein. Plusterfarben müssen auf jeden Fall von der Rückseite gebügelt werden, denn sie entfalten erst durch Wärme ihre plastische Wirkung. Die bemalten Textilien können in der Regel in der Waschmaschine gewaschen werden, oft sogar bis 60 Grad (siehe Herstellerangaben), soweit das der Stoff selbst verträgt.

Eigene Entwürfe

Wenn Sie die Motive in diesem Buch nicht einfach nachmalen möchten, helfen Ihnen die folgenden Tips weiter:

▶ Malen Sie die aufgebügelten Konturen ganz nach eigenem Geschmack mit anderen Farben aus – die Wirkung wird gleich ganz anders sein.

▶ Sind Ihnen die Vorlagen zu klein oder zu groß, kopieren Sie sie im Kopiergeschäft auf das benötigte Maß. Mit einem Bügelkopierstift pausen Sie alle Linien auf Transparentpapier (Entwurfpapier) durch: fertig ist die neue Bügelvorlage.

▶ Haben Sie einen eigenen Entwurf in Originalgröße auf Papier gemacht? Kein Problem: Die Entwurfszeichnung mit Bleistift auf Transparentpapier durchzeichnen, Transparentpapier umdrehen und die Linien auf der Rückseite mit einem Bügelkopierstift nachziehen. Papier nochmals wenden und mit den Kopierstiftlinien nach unten auf den Stoff legen, um das Motiv aufzubügeln (siehe auch Seite 11).

▶ Wer ganz besonders mutig oder geübt ist, kann natürlich eine Idee auch freihändig auf den Stoff aufzeichnen oder gleich aufmalen.

Fröhliche Motive

1, 2, 3 – Zahlenspielerei

Mit diesen lustigen Zahlen fällt das Zählenlernen nicht schwer. Aus der „1" ist ein Zwerg geworden, aus der „2" ein Flamingo, Buntstifte stellen die „3" dar. Entwerfen Sie selbst Motive für die Zahlen 4 bis 9 und die 0.

So wird's gemacht

Vorbereitungen
- Das T-Shirt erst waschen, dann trocknen und bügeln.
- Einen Karton zwischen die Vorder- und Rückseite des T-Shirts unter die zu bemalende Stofffläche schieben und die Motivvorlage in Brusthöhe auf die Vorderseite des T-Shirts aufbügeln.

Ausmalen
- Den Mantel des *Zwerges* mit dem Borstenpinsel in Französisch Grün grundieren, dann mit dem Haarpinsel hellblaue Punkte auftupfen. Mischen Sie den Farbton für die Hautfarbe aus Rosenquarz (Rosa) und Dunkelocker. Haare und Bart aussparen, so daß der weiße Stoffgrund sichtbar bleibt, und an den Rändern mit Grau (aus Schwarz und Weiß mischen) schattieren. Mütze und Wange rot malen, und zum Schluß Auge und Mund mit dem Haarpinsel oder einem schwarzen Stoffmalstift einzeichnen.
- Malen Sie den Schnabel des *Flamingos* mit einer Mischung aus Rot und Gelb, die Federn in Rosenquarz aus. Die Schnabellinie und den Halsrand in Violett anlegen bzw. schattieren. Die Pupille und das kleine Schnabelloch werden ganz zum Schluß mit dem Haarpinsel in Schwarz aufgetupft.
- Den oberen *Buntstift* von hell nach dunkel in Mischtönen aus Maigrün und Sonnenblumengelb ausmalen. Mit dem Haarpinsel in dunklem Grün feine Linien für die Innenkanten ziehen. Den unteren Buntstift in drei Blautönen gestalten, dabei auch diesmal die dunkelste Farbe nach innen, die hellste an den äußeren Rand setzen. Die hölzernen Partien des Stiftes schließlich in Dunkelocker ausmalen.

Fertigstellung
- Die Farben trocknen lassen.
- Sieht der Farbhersteller Bügelfixierung vor, den Karton entfernen und das T-Shirt auf links wenden. Dann den Karton wieder in das T-Shirt unter den bemalten Stoff schieben.
- Das Motiv von der Rückseite etwa 5 Minuten lang bei Einstellung Baumwolle bügeln.

DAS BRAUCHEN SIE
- weißes T-Shirt aus Baumwolle
- Bügeleisen
- Karton
- Motivvorlage Nr. 1
- flache Borstenpinsel (Nr. 2 und Nr. 4)
- feinen Haarpinsel (Nr. 2)
- **Stoffmalfarben:** Kirschrot, Rosenquarz (Rosa), Violett rötlich, Dunkelocker, Sonnenblumengelb, Maigrün, Französisch Grün, Türkisblau, *deckendes* Hellblau, Dunkelblau, Schwarz und Weiß

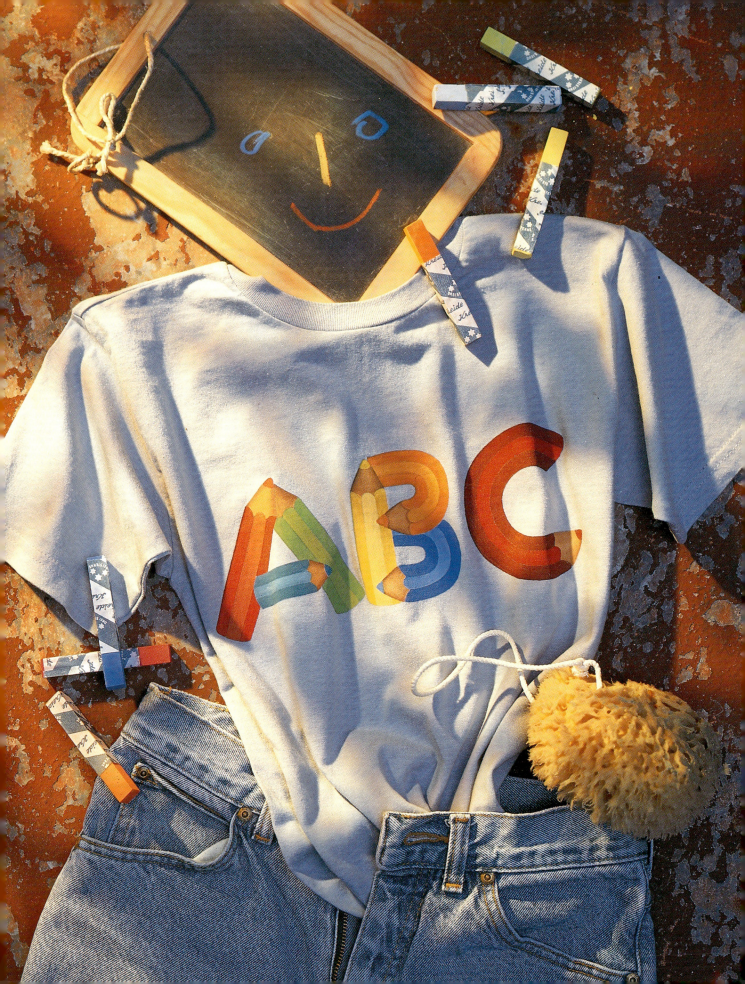

A, B, C

Mit solch einem Buntstift-ABC auf dem T-Shirt macht Schule doppelt Spaß!

So wird's gemacht

Vorbereitungen
- Das T-Shirt erst waschen, dann trocknen und bügeln.
- Einen Karton zwischen die Vorder- und Rückseite des T-Shirts unter die zu bemalende Stofffläche schieben und die Motivvorlage in Brusthöhe auf die Vorderseite aufbügeln.

Ausmalen
- Die holzfarbenen Spitzen aller Buntstifte mit dem Borstenpinsel in einer Mischung aus Hellbraun, Orange und Gelb ausmalen. Die Minenspitzen zunächst aussparen und später in den entsprechenden Buntstiftfarben auftupfen.
- *Buchstabe A:* Den linken Stift mit Scharlachrot ausmalen. Für die hellere Mittelfläche Orange zumischen. Den rechten Stift mit Hellgrün gestalten. Für die Mittelfläche etwas Gelb beigeben. Den kurzen blauen Stift mit Türkis ausmalen, und für dessen Mittelfläche etwas Weiß hinzufügen.
- *Buchstabe B:* Den senkrechten Stift malen Sie mit Gelb aus, für den orangefarbenen Stift nehmen Sie Orange und für den blauen Stift Azur. Die Mittelflächen jeweils mit Weiß aufhellen.
- *Buchstabe C:* Geben Sie etwas Violett zum Karminrot, und malen Sie damit die beiden äußeren Flächen des Stiftes aus. Die Mittelfläche wird mit reinem Karminrot gestaltet.

Fertigstellung
- Die Farben trocknen lassen.
- Sieht der Farbhersteller Bügelfixierung vor, den Karton entfernen und das T-Shirt auf links wenden. Dann den Karton wieder in das T-Shirt unter die nun bemalte Stofffläche schieben.
- Das Motiv etwa 5 Minuten lang bei Einstellung Baumwolle von der Rückseite bügeln.

DAS BRAUCHEN SIE

- helles T-Shirt aus Baumwolle
- Bügeleisen
- Karton
- Motivvorlage Nr. 2
- flache Borstenpinsel (Nr. 2 und Nr. 4)
- *deckende* Stoffmalfarben: Karminrot, Scharlachrot, Violett, Orange, Gelb, Hellbraun, Hellgrün, Türkis, Azurblau, Weiß

Vier kleine Schweinchen

Von den kleinen Beuteln mit den lustigen Schweinchen kann man nicht genug haben, denn darin findet allerlei Krimskrams Platz.

So wird's gemacht

Vorbereitungen
- Den Baumwollbeutel erst waschen, dann trocknen und bügeln.
- Einen zurechtgeschnittenen Karton in den Beutel schieben und die Motivvorlage auf die Vorderseite aufbügeln.

Ausmalen
- Für die Hautfarbe wenig Hellbraun zum Rosenquarz (Rosa) mischen, für Schattierungen, Schnauze und Ohren etwas mehr. Rosenquarz mit etwas Bordeaux gemischt ergibt die richtige Farbe für die Bäckchen. Augen, Mund, Nasenlöcher und Zehen mit Schwarz aufmalen. Das gelingt am besten mit einem feinen Haarpinsel oder einem Stoffmalstift.
- Die Linien des rot-weiß geringelten T-Shirts mit feinem Haarpinsel in Rot ziehen oder einen roten Stoffmalstift verwenden. Danach die Hose mit Türkis ausmalen.
- Die gelb-grüne Hose zuerst gelb grundieren, und nach dem Trocknen mit einem feinen Haarpinsel oder Stoffmalstift grüne Linien ziehen. Das T-Shirt mit Maigrün ausmalen. Geben Sie für die Schattierungen ein wenig Schwarz zu.
- Das gepunktete T-Shirt zuerst mit dem Borstenpinsel in Violett ausmalen. Nach dem Trocknen mit deckendem Scharlachrot Punkte auftupfen. Die Hose orange anlegen, für die Schattierungen hier etwas Hellbraun zumischen.
- Für das rote T-Shirt unvermischtes Bordeauxrot auftragen. Die Hose wird mit Azur grundiert, dabei für die Schattierungen jeweils etwas Schwarz zumischen.

Fertigstellung
- Die Farben trocknen lassen.
- Sieht der Farbhersteller Bügelfixierung vor, den Karton entfernen und den Beutel auf links wenden. Dann den Karton wieder in den Beutel schieben.
- Das Motiv von der Rückseite etwa 5 Minuten lang bei Einstellung Baumwolle bügeln.

DAS BRAUCHEN SIE
- naturfarbene Stoffbeutel aus Baumwolle (zum Beispiel Duftsäckchen, hier 10 x 15 cm groß)
- Bügeleisen
- Karton
- Motivvorlage Nr. 13
- flache Borstenpinsel (Nr. 2 und Nr. 4)
- feinen Haarpinsel (Nr. 2)
- **Stoffmalfarben**: Rosenquarz (Rosa), Bordeauxrot, *deckendes* Scharlachrot, Orange, Sonnenblumengelb, Hellbraun, Violett, Azurblau, Türkis, Maigrün, Schwarz

Kuschelbär

Dieses Bärchen muß man einfach liebhaben! Auf seinem grünen Hemd steht der Name des Kindes, dem das rote T-Shirt später gehören wird.

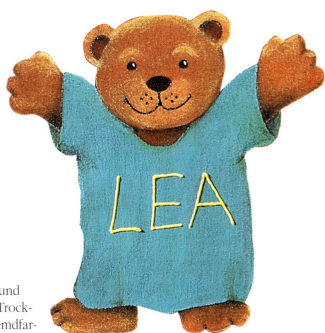

So wird's gemacht

Vorbereitungen
- Das T-Shirt erst waschen, dann trocknen und bügeln.
- Einen Karton zwischen die Vorder- und Rückseite des T-Shirts unter die zu bemalende Stofffläche schieben und die Motivvorlage in Brusthöhe auf die Vorderseite aufbügeln.

Ausmalen
- Als Grundfarbe Dunkelocker und Gelb mischen und mit einem Borstenpinsel zuerst den Kopf, die Arme und die Füße des Bärchens flächig ausmalen. Dunklere Motivpartien mit Rehbraun, hellere mit Gelb modellieren.
- Alle schwarzen Linien und Punkte mit dem feinen Haarpinsel oder einem Stoffmalstift gestalten, Nase und Augen in Schwarz ausmalen. Mit Weiß und einem feinen Haarpinsel die Pupillen auftupfen.
- Für das Hemd des Bären beide Grüntöne mischen und flächig auftragen.
- Die Buchstaben entweder frei Hand mit dem Plusterstift schreiben oder die Linien der aufgebügelten Buchstaben nachziehen. Die Buchstaben der Motivvorlage hierzu einzeln ausschneiden und nach dem Trocknen der Hemdfarbe nebeneinander aufbügeln.

Fertigstellung
- Die Farben trocknen lassen.
- Den Karton entfernen, und das T-Shirt auf links wenden. Dann den Karton wieder unter den bemalten Stoff schieben.
- Das Motiv von der Rückseite etwa 5 Minuten lang bei Einstellung Baumwolle bügeln. Dabei plustert die Schriftfarbe auf.

DAS BRAUCHEN SIE
- rotes T-Shirt aus Baumwolle
- Bügeleisen
- Karton
- Motivvorlage Nr. 3
- ggf. Motivvorlage Nr. 4 (Alphabet)
- flachen Borstenpinsel (Nr. 2 und Nr. 4)
- feinen Haarpinsel (Nr. 2)
- *deckende* Stoffmalfarben: Rehbraun, Dunkelocker, Gelb, Saftgrün, Französisch Grün, Schwarz, Weiß
- Plusterfarbe in Gelb

Elefant auf hoher See

Diesem Dickhäuter geht es gut! Mitten im Sommer hat er es sich in seinem Boot bequem gemacht und läßt sich von den Wellen schaukeln.

So wird's gemacht

Vorbereitungen
- Das T-Shirt erst waschen, dann trocknen und bügeln.
- Einen Karton zwischen die Vorder- und Rückseite des T-Shirts unter die zu bemalende Stofffläche schieben und die Motivvorlage in Brusthöhe auf die Vorderseite aufbügeln.
- Die Wellenlinie nach beiden Seiten mit einem weichen Bleistift oder Phantomstift verlängern und auch auf der Rückseite ganz nach Belieben weiterführen.

Ausmalen
- Die graue Hautfarbe aus Weiß und wenig Schwarz mischen und mit dem Borstenpinsel auftragen. Zum Schattieren der dunkleren Partien etwas mehr Schwarz zugeben, die Ohren mit wenig Rosenquarz (Rosa) aufhellen.
- Den Stoßzahn gestalten Sie in Weiß, dem Sie zuvor etwas Gelb beigemischt haben.
- Die Fußnägel sind dunkelocker, Mund und Rüsselspitze rosa. Das Auge mit dem Haarpinsel in Schwarz auftupfen.
- Nun grundieren Sie das Elefanten-T-Shirt mit Sonnenblumengelb und modellieren die dunkleren Partien in Dunkelocker. Für die Hose wählen Sie frisches Maigrün.
- Das Boot dunkelocker ausmalen, dabei für die Schattierungen Rehbraun zumischen. Beginnen Sie den Rettungsring mit den signalroten Partien, die Sie an den Rändern mit wenig Schwarz schattieren. Die Schattierungen in den weißen Feldern mit angemischtem Hellgrau aufmalen. Für die Halterung ein mittleres Grau verwenden.
- Zum Schluß gestalten Sie die Wellenlinie flächig in Türkis und schreiben als Bootsnamen den Namen des Kindes auf den Rumpf, das das T-Shirt später tragen darf. Die Buchstaben mit dem Haarpinsel in Rehbraun zeichnen.

Fertigstellung
- Die Farben trocknen lassen.
- Sieht der Farbhersteller Bügelfixierung vor, den Karton entfernen und das T-Shirt auf links wenden. Dann den Karton wieder in das T-Shirt unter den bemalten Stoff schieben.
- Das Motiv von der Rückseite etwa 5 Minuten lang bei Einstellung Baumwolle bügeln.

DAS BRAUCHEN SIE

- helles T-Shirt aus Baumwolle
- Bügeleisen
- Karton
- Motivvorlage Nr. 5
- Phantomstift oder weichen Bleistift
- flachen Borstenpinsel (Nr. 2 und Nr. 4)
- feinen Haarpinsel (Nr. 2)
- **Stoffmalfarben:** Signalrot, Rosenquarz (Rosa), Rehbraun, Dunkelocker, Sonnenblumengelb, Maigrün, Türkis, Schwarz, Weiß

Ente

Diese leicht nachzuarbeitende Spielzeugente gefällt allen Kindern und sieht auf einem T-Shirt für die Allerkleinsten besonders niedlich aus.

So wird's gemacht

Vorbereitungen
- Das T-Shirt erst waschen, dann trocknen und bügeln.
- Einen Karton zwischen die Vorder- und Rückseite des T-Shirts unter die zu bemalende Stofffläche schieben und die Motivvorlage auf die Vorderseite aufbügeln.

Ausmalen
- Alle Motivteile mit einem Borstenpinsel flächig ausmalen: die Ente gelb, die Räder rot und den Schnabel orange (aprikot). Den Schnabel unten dunkler modellieren, dazu etwas Rot zum Orange mischen.
- Mit dem feinen Haarpinsel die Schnabellinie mit Schwarz nachziehen, ein Stoffmalstift wäre hierbei besonders hilfreich. Dann Auge und Radnaben mit schwarzer Farbe ausmalen und zum Schluß mit dem feinen Haarpinsel Glanzlichter in Weiß auftupfen.
- Den Haken für die Kordel in angemischtem Grau einzeichnen. Die Kordel können Sie beliebig verlängern, indem Sie nur die roten Kordelstreifen mit feinem Haarpinsel malen, eine Arbeit, die ein roter Stoffmalstift erleichtert.

Fertigstellung
- Die Farben trocknen lassen.
- Sieht der Farbhersteller Bügelfixierung vor, den Karton entfernen und das T-Shirt auf links wenden. Dann den Karton wieder in das T-Shirt unter die nun bemalte Stofffläche schieben.
- Das Motiv von der Rückseite etwa 5 Minuten lang bei Einstellung Baumwolle bügeln.

DAS BRAUCHEN SIE
- weißes oder helles T-Shirt aus Baumwolle
- Bügeleisen
- Karton
- Motivvorlage Nr. 6
- flache Borstenpinsel (Nr. 2 und Nr. 4)
- feinen Haarpinsel (Nr. 2)
- **Stoffmalfarben:** Kirschrot, Aprikot, Sonnenblumengelb, Schwarz, Weiß

Tanzende Clowns

Die lustigen Clowns fordern zum Tanz auf und verbreiten mit ihren fröhlich-bunten Gewändern gute Laune für einen ganzen Kindertag.

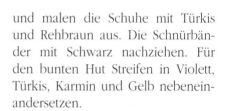

So wird's gemacht

Vorbereitungen
- Das T-Shirt erst waschen, dann trocknen und bügeln.
- Einen Karton zwischen die Vorder- und Rückseite des T-Shirts unter die zu bemalende Stofffläche schieben und die Motivvorlage in Brusthöhe auf die Vorderseite aufbügeln.

Ausmalen
- Die Hautfarbe der Clowns aus Hellbraun und Orange anmischen, für die Bäckchen noch etwas Karminrot zugeben.
- Malen Sie die Nasen mit dem Borstenpinsel in Karminrot, die Mundflächen in Weiß flächig aus, und ziehen Sie die Lippen in Rot, Augen und Ohrlinien in Schwarz mit dem feinen Haarpinsel. Diese Detailarbeiten können Sie sich mit farblich passenden Stoffmalstiften erheblich erleichtern.
- Die karminroten Haare werden mit einem Borstenpinsel vom Gesicht nach außen hin mit Absicht ganz fransig angelegt.
- Den Anzug des linken Clowns mit Hellgrün, die Punkte mit Karmoisin (Pink) ausmalen. Die großen Schleifen gestalten Sie in Gelb und Azur und malen die Schuhe mit Türkis und Rehbraun aus. Die Schnürbänder mit Schwarz nachziehen. Für den bunten Hut Streifen in Violett, Türkis, Karmin und Gelb nebeneinandersetzen.
- Den Anzug des rechten Clowns legen Sie mit dem Borstenpinsel violett an und setzen gelbe Punkte hinein. Die Schleifen mit Azur und Karmoisin gestalten und mit etwas abgetönter Farbe plastisch modellieren. Der Hut ist mit Türkis gemalt und ebenfalls seitlich etwas dunkler schattiert. Die Schuhe in Karmin und Rehbraun ausmalen, und die Schnürbänder zum Schluß mit Schwarz nachziehen.

Fertigstellung
- Die Farben trocknen lassen.
- Sieht der Farbhersteller Bügelfixierung vor, den Karton entfernen und das T-Shirt auf links wenden. Dann den Karton wieder hineinschieben.
- Das Motiv von der Rückseite etwa 5 Minuten lang bei Einstellung Baumwolle bügeln.

DAS BRAUCHEN SIE

- rosafarbenes T-Shirt aus Baumwolle
- Bügeleisen
- Karton
- Motivvorlage Nr. 7
- flache Borstenpinsel (Nr. 2 und Nr. 4)
- feinen Haarpinsel (Nr. 2)
- *deckende* Stoffmalfarben: Karminrot, Karmoisin (Pink), Violett, Orange, Gelb, Türkis, Hellbraun, Rehbraun, Hellgrün, Azurblau, Schwarz, Weiß

Zarte Blütenranken

Ganz romantisch wirkt die helle Mädchenbluse durch die aufgemalten Blumen. Ein passendes Hutband ist schnell gemacht.

So wird's gemacht

Vorbereitungen
- Die Bluse erst waschen, dann trocknen und bügeln.
- Einen Karton zwischen die Vorder- und Rückseite der Bluse unter die Passe schieben. Die eine Ranke der Motivvorlage rechts, die andere links von der Knopfleiste aufbügeln.
- Eine der Ranken zusätzlich mehrmals nebeneinander auf das Baumwollband für den Hut aufbügeln, das auf Zeitungen liegt.

Ausmalen
- Die Farben für Blüten und Blätter mit Weiß anmischen, das läßt sie zarter erscheinen.
- Malen Sie alle Blattranken auf Bluse und Hutband mit dem Borstenpinsel in aufgehelltem Maigrün, dann die Blüten in aufgehelltem Aprikot und Rosenquarz (Rosa) flächig aus.
- Mit einem Haarpinsel in die Blütenmitten kirschrote Farbe tupfen und vorsichtig in die noch feuchte Farbe des Blütenblattes hineinwischen.

Fertigstellung
- Die Farben trocknen lassen.
- Sieht der Farbhersteller Bügelfixierung vor, den Karton entfernen und die Bluse auf links wenden. Dann den Karton wieder unter den bemalten Stoff schieben.
- Das Motiv von der Rückseite etwa 5 Minuten lang bei Einstellung Baumwolle bügeln. Wenn nötig, den bemalten Stoffstreifen ebenfalls von der Rückseite durch Bügeln fixieren.
- Haben Sie kein fertiges Band, sondern einen Stoffstreifen gewählt: Die Längskanten des Streifens rechts auf rechts aufeinanderlegen und von links mit der Maschine füßchenbreit zusammennähen, so daß ein Tunnel entsteht. Den Tunnel wenden, flach bügeln und das fertige Band um den Hut schlingen.

DAS BRAUCHEN SIE
- naturfarbene Baumwollbluse
- naturfarbenes Baumwollband (5 cm breit, Länge entsprechend dem Hut) oder 12 cm breiten Stoffstreifen
- Bügeleisen
- Karton, alte Zeitungen
- Motivvorlage Nr. 13
- flachen Borstenpinsel (Nr. 2)
- feinen Haarpinsel (Nr. 2)
- Nähmaschine
- **Stoffmalfarben**: Kirschrot, Aprikot, Rosenquarz (Rosa), Maigrün, Weiß

Froschkönig

Kinder kennen und lieben das Märchen vom Froschkönig, der in Wirklichkeit ein verwunschener Prinz ist. Durch einen Kuß wird er erlöst.

So wird's gemacht

Vorbereitungen

- Das T-Shirt erst waschen, dann trocknen und bügeln.
- Einen Karton zwischen die Vorder- und Rückseite des T-Shirts unter die zu bemalende Stofffläche schieben und die Motivvorlage in Brusthöhe auf die Vorderseite aufbügeln.
- Für die Kugel einen Teller in passender Größe mit der Oberseite nach unten auf das T-Shirt legen und so unter die Füße des Frosches schieben, daß er auf der Kugel „hockt". Nun den Umriß des Tellers mit einem weichen Bleistift nachzeichnen und den Teller abnehmen.

Ausmalen

- Zuerst malen Sie den Frosch mit einem Borstenpinsel aus. Hierzu Grün mit etwas Mittelgelb mischen. Für Hell-Dunkel-Wirkungen mehr Gelb bzw. Schwarz beimischen. Die Augen mit dem Haarpinsel karminrot gestalten.
- Mit schwarzem Stoffmalstift – falls zur Hand – oder mit einem Haarpinsel das Maul, die Pupillen und die Nasenlöcher einzeichnen.
- Die Krone wird goldgelb ausgemalt und bekommt zum Schluß drei rote Punkte.
- Die Kugel flächig mit goldener Glitterfarbe ausmalen.

Fertigstellung

- Die Farben trocknen lassen.
- Sieht der Farbhersteller Bügelfixierung vor, den Karton entfernen und das T-Shirt auf links wenden. Dann den Karton wieder in das T-Shirt unter den bemalten Stoff schieben.
- Das Motiv von der Rückseite etwa 5 Minuten lang bei Einstellung Baumwolle bügeln.

DAS BRAUCHEN SIE

- grünes T-Shirt aus Baumwolle
- Bügeleisen
- Karton
- Motivvorlage Nr. 8
- Teller
- weichen Bleistift
- flache Borstenpinsel (Nr. 2 und Nr. 4)
- feinen Haarpinsel (Nr. 2)
- *deckende* Stoffmalfarben: Karminrot, Mittelgelb, Goldgelb, Französisch Grün, Schwarz
- goldene Glitterfarbe

Erdbeerquark vom Mäusekoch

Diese farbenfrohe Kinderschürze leistet nicht nur gute Dienste beim Anrühren eines leckeren Erdbeerquarks, sondern auch beim Backen und Kochen.

So wird's gemacht

Vorbereitungen
- Die Schürze erst waschen, dann trocknen und bügeln.
- Einige alte Zeitungen unterlegen. Die Maus in der Mitte der Schürze aufbügeln, die Erdbeeren ausschneiden und mehrfach oberhalb der Maus plazieren.

Ausmalen
- Die Farbe für das Fell der Maus aus Schwarz und Weiß anmischen und mit einem Borstenpinsel auftragen. Für die dunkleren Partien etwas mehr Schwarz hinzufügen.
- Nase, Bartstoppeln und Auge mit Hilfe eines Haarpinsels mit Schwarz gestalten, mit Weiß einen Lichtpunkt in das Auge setzen. Ohren, Mund und Quark in Rosenquarz (Rosa) anlegen.
- Das Mäusehemd malen Sie mit Azurblau aus, dem Sie für die Schattierungen etwas Dunkelblau beimischen. Die Hose in Maigrün, die Punkte in Türkis anlegen.
- Die Rührschüssel hellgrün ausmalen, für dunklere Stellen wenig Schwarz zugeben. Der Kochlöffel ist kirschrot gestaltet.
- Die Erdbeeren kirschrot ausmalen und für Schattierungen etwas Weinrot zumischen. Die Punkte mit deckendem Gelb auftupfen und die Blätter in Maigrün anlegen.
- Zum Schluß den Schürzenrand mit Maigrün bemalen.

Fertigstellung
- Die Farben trocknen lassen.
- Sieht der Farbhersteller Bügelfixierung vor, die Schürze umdrehen und von der Rückseite etwa 5 Minuten lang bei Einstellung Baumwolle bügeln.

DAS BRAUCHEN SIE

- naturfarbene Kinderschürze aus Baumwolle
- Bügeleisen
- alte Zeitungen
- Motivvorlage Nr. 9
- flache Borstenpinsel (Nr. 2 und Nr. 4)
- feinen Haarpinsel (Nr. 2)
- **Stoffmalfarben:** Kirschrot, Weinrot, Rosenquarz (Rosa), *deckendes* Gelb, Maigrün, Hellgrün, Türkis, Azurblau, Dunkelblau, Schwarz, Weiß

Kunterbunte Autoparade

Jedem ein Auto in seiner Lieblingsfarbe! Und wer sich nicht entscheiden kann, der bekommt einfach ein kunterbuntes Gefährt.

So wird's gemacht

Vorbereitungen
▸ Das T-Shirt erst waschen, dann trocknen und bügeln.
▸ Einen Karton zwischen die Vorder- und Rückseite des T-Shirts unter die zu bemalende Stofffläche schieben und die Motivvorlage in Brusthöhe auf die Vorderseite des T-Shirts aufbügeln.

Ausmalen
▸ Das einfarbige Auto auf dem roten T-Shirt mit dem Borstenpinsel flächig ausmalen: Die Karosserie in Violett, die Räder in Orange und Türkis, die Stoßstangen in Karmoisin (Pink) und Gelb und die Türgriffe in Orange und Gelb. Alle Konturen zum Schluß mit einem feinen Haarpinsel schwarz nachziehen. Natürlich geht das am allerbesten mit einem Stoffmalstift oder Liner.
▸ Die Karosserie des bunten Autos partieweise in verschiedenen Farbtönen bemalen. Diese Flächen dürfen ruhig unregelmäßig geformt sein. Auch hier zum Schluß alle Konturen mit Schwarz nachziehen. Die Räder, Stoßstangen und Türgriffe bleiben weiß.

Fertigstellung
▸ Die Farben trocknen lassen.
▸ Sieht der Farbhersteller Bügelfixierung vor, den Karton entfernen und das T-Shirt auf links wenden. Dann den Karton wieder unter die bemalten Stoffpartien schieben.
▸ Das Motiv von der Rückseite etwa 5 Minuten lang bei Einstellung Baumwolle bügeln.

DAS BRAUCHEN SIE

▪ weißes oder rotes T-Shirt aus Baumwolle
▪ Bügeleisen
▪ Karton
▪ Motivvorlage Nr. 10
▪ flache Borstenpinsel (Nr. 2 und Nr. 4)
▪ feinen Haarpinsel (Nr. 2)
▪ **Stoffmalfarben für das weiße T-Shirt:** Weinrot, Kirschrot, Aprikot, Violett rötlich, Rosenquarz (Rosa), Sonnenblumengelb, Maigrün, Türkis, Azurblau
▪ *deckende* Stoffmalfarben für das rote T-Shirt: Karmoisin (Pink), Violett, Orange, Gelb, Türkis
▪ Tubenfarbe (Liner) oder Stoffmalstift in Schwarz

Buchstabenbär

Jonglieren mit dem Abc: Der kleine Bär im lustigen Ringelshirt bringt das Alphabet so richtig in Schwung. Wer will, kann die gezeigten Buchstaben durch andere ersetzen. Eine Hilfe dazu ist die Vorlage Nr. 4.

So wird's gemacht

Vorbereitungen
- Das T-Shirt erst waschen, dann trocknen und bügeln.
- Einen Karton zwischen die Vorder- und Rückseite schieben und die Motivvorlage in Brusthöhe auf die Vorderseite aufbügeln.

Ausmalen
- Die Farbe des Fells aus Hell- und Dunkelbraun mischen und mit dem Borstenpinsel flächig auftragen. Für hellere Partien etwas Weiß zugeben.
- Das Bäckchen mit Scharlachrot, die Augen mit Weiß aufmalen, Pupille, Nase, Mund und die Tatzen der Hinterbeine schwarz gestalten.
- Die Hose türkis grundieren, darauf Schattierungen in Blau setzen. Die Streifen des Pullis im Wechsel gelb und hellgrün ausmalen und zum Ende hin jeweils dunkler auslaufen lassen.
- Die Buchstaben in verschiedenen Farben flächig ausmalen.

Fertigstellung
- Die Farben trocknen lassen.
- Sieht der Farbhersteller Bügelfixierung vor, den Karton entfernen und das T-Shirt auf links wenden. Dann den Karton wieder in das T-Shirt schieben.
- Das Motiv von der Rückseite etwa 5 Minuten lang bei Einstellung Baumwolle bügeln.

DAS BRAUCHEN SIE

- blaues T-Shirt aus Baumwolle
- Bügeleisen
- Karton
- Motivvorlage Nr. 11
- flache Borstenpinsel (Nr. 2 und Nr. 4)
- feinen Haarpinsel (Nr. 2)
- *deckende* Stoffmalfarben: Karminrot, Scharlachrot, Karmoisin (Pink), Orange, Gelb, Hellbraun, Dunkelbraun, Hellgrün, Grün, Türkis, Schwarz, Weiß

Leopard auf dem Rad

*„Ist das Fahrrad noch so klein, ein Helm, der sollte sein."
Das hat sich auch schon in Leopardenkreisen herumgesprochen.*

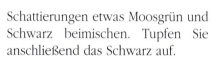

So wird's gemacht

Vorbereitungen
- Das T-Shirt erst waschen, dann trocknen und bügeln.
- Einen Karton zwischen die Vorder- und Rückseite des T-Shirts unter die zu bemalende Stofffläche schieben und die Motivvorlage auf die Vorderseite aufbügeln.

Ausmalen
- Das Fell des Leoparden mit dem Borstenpinsel zunächst in Sonnenblumengelb grundieren, für die ganz weichen Schattierungen schon gleich etwas Dunkelocker und ein wenig Schwarz zumischen. Die Fläche rund um das Maul weiß stehen lassen.
- Nase, Mund, Bartstoppeln und die Augen mit dem Haarpinsel in Schwarz einzeichnen.
- Die vielen dunklen Punkte im Fell mit einer Mischung aus Rehbraun und Schwarz auftragen.
- Die azurblaue Hose, das aprikotfarbene T-Shirt und den signalroten Fahrradhelm jeweils mit etwas zugemischtem Schwarz schattieren.
- Die Riemen des Helms schwarz ausmalen.
- Grundieren Sie Halstuch und Fahrrad mit Maigrün, dem Sie für die Schattierungen etwas Moosgrün und Schwarz beimischen. Tupfen Sie anschließend das Schwarz auf.
- Die Räder von innen nach außen in Schwarz, Maigrün, Silber und Rehbraun ausmalen.
- Silber benötigen Sie ebenfalls für die Metallteile am Lenker und die Schnalle am Helmriemen.
- Der Sattel wird schließlich rehbraun ausgemalt.

Fertigstellung
- Die Farben trocknen lassen.
- Sieht der Farbhersteller Bügelfixierung vor, den Karton entfernen und das T-Shirt auf links wenden. Dann den Karton wieder in das T-Shirt unter den bemalten Stoff schieben.
- Das Motiv von der Rückseite etwa 5 Minuten lang bei Einstellung Baumwolle bügeln.

DAS BRAUCHEN SIE
- weißes T-Shirt aus Baumwolle
- Bügeleisen
- Karton
- Motivvorlage Nr. 12
- flache Borstenpinsel (Nr. 2 und Nr. 4)
- feinen Haarpinsel (Nr. 2)
- **Stoffmalfarben:** Signalrot, Aprikot, Sonnenblumengelb, Rehbraun, Dunkelocker, Maigrün, Moosgrün, Azurblau, Silber, Schwarz, Deckweiß

Badetuch und Lätzchen

Die Allerkleinsten freuen sich sicherlich über die vielen Entchen auf dem sonnengelben Badetuch und über den bunten Teddybären, der ihnen beim Essen zuschaut.

So wird's gemacht

Vorbereitungen

- Motivvorlage für den Bärenkopf auf die Vorderseite eines weißen Lätzchens aufbügeln.
- Für die Entenbordüre eine Schablone herstellen. Dazu ein Stück stabile Transparentfolie auf die Entenvorlage legen, das rundherum etwa 4 cm breiter ist als das Motiv. Die Außenkonturen mit einem Folienstift nachziehen und mit einer spitzen Schere herausschneiden.

Ausmalen

- Den Bärenkopf mit dem Borstenpinsel entweder in Violett rötlich und Maul und Ohren in Rosenquarz (Rosa) ausmalen oder den Kopf in Maigrün und Maul und Ohren in Sonnenblumengelb gestalten. Die Augen werden jeweils weiß ausgespart. Pupillen und Nase mit Schwarz aufmalen und mit dem Haarpinsel oder einem schwarzen Stoffmalstift Mund und Bartstoppeln einzeichnen.
- Den Hintergrund bis zum Paspelrand azurblau bzw. in Orange ausmalen.
- Für die Entenreihe eine Leinenborte auf eine Lage alter Zeitungen legen. Gelbe Farbe auf einen Teller geben und mit einem Schablonierpinsel (Stupfpinsel) wenig Farbe aufnehmen. Schablone auf einer Seite der Borte auflegen, fest andrücken und die Farbe in die gesamte Aussparung stupfen. Mit einem Abstand von jeweils etwa 2 cm die übrigen Enten schablonieren. Dazwischen die Farbe trocknen lassen und eventuell die Schablone reinigen, damit die Farbe nicht verschmiert.
- Für die Schnäbel mit dem dünnen Borstenpinsel Orange über das Gelb malen und die Augen mit Schwarz auftupfen.

Fertigstellung

- Die Farben trocknen lassen.
- Sieht der Farbhersteller Bügelfixierung vor, das Lätzchen und die Leinenborte von der Rückseite etwa 5 Minuten lang bei Einstellung Baumwolle bügeln.
- Die Leinenborte am unteren Rand des Frotteetuches feststecken. Dabei die äußeren Kanten etwa 2,5 cm breit einschlagen. Borte oben und unten von Hand oder mit der Nähmaschine aufnähen.

DAS BRAUCHEN SIE

für die Lätzchen:
- weiße, abgesteppte Baumwollätzchen (Stoffmalbedarf)
- Bügeleisen
- alte Zeitungen
- Motivvorlage Nr. 13
- flache Borstenpinsel (Nr. 2 und Nr. 4)
- feinen Haarpinsel (Nr. 2)

Stoffmalfarben:
Rosenquarz (Rosa), Violett rötlich, Orange, Sonnenblumengelb, Maigrün, Azurblau, Schwarz

für das Badetuch:
- großes, gelbes Frotteebadetuch
- Leinenborte (Breite 7,5 cm, Länge entsprechend dem Badetuch zzgl. 5 cm)
- Motivvorlage Nr. 6
- feste Transparentfolie
- Folienstift
- spitze Schere
- alten Teller
- Schablonierpinsel (Stupfpinsel)
- flachen Borstenpinsel (Nr. 2)
- Bügeleisen
- Stecknadeln
- weißes Nähgarn
- Nähmaschine

Stoffmalfarben:
Sonnenblumengelb, Aprikot, Schwarz

Jonglierender Clown

Kunterbunte Riesenschleifen und zwei unterschiedliche Strümpfe schmücken den lustigen Clown, der geschickt mit drei bunten Bällen jongliert.

So wird's gemacht

Vorbereitungen
▸ Das T-Shirt erst waschen, dann trocknen und bügeln.
▸ Einen Karton zwischen die Vorder- und Rückseite des T-Shirts unter die zu bemalende Stofffläche schieben.
▸ Die Motivvorlage in Brusthöhe auf die Vorderseite aufbügeln.

Ausmalen
▸ Die Hautfarbe des Clowns aus Dunkelocker und Rosenquarz (Rosa) mischen und mit einem Borstenpinsel auftragen. Die weißen Motivflächen werden nicht ausgemalt.
▸ Wangen, Nase und Lippen in Kirschrot aufmalen, Augen und Mund mit einem feinen Haarpinsel schwarz nachziehen (ein Stoffmalstift erleichtert diese Arbeit). Weiße Glanzlichter in die Pupillen tupfen.
▸ Für die Haare mischen Sie Sonnenblumengelb und Kirschrot, das Sie mit wenig Dunkelocker schattierend modellieren.
▸ Die Jacke des Clowns mit dem Borstenpinsel flächig in Moosgrün ausmalen und schattieren. Die Halskrause gestalten Sie in Dunkelblau, das Sie an den Rändern hellblau auslaufen lassen (Weiß zumischen).
▸ Für die Schleifen, Strümpfe und Bälle wählen Sie verschiedene Farben und modellieren die einzelnen Teile dabei von hell nach dunkel.
▸ Die Schuhe in Rehbraun ausmalen und mit Schwarz schattieren.

Fertigstellung
▸ Die Farben trocknen lassen.
▸ Sieht der Farbhersteller Bügelfixierung vor, den Karton entfernen und das T-Shirt auf links wenden. Dann den Karton wieder in das T-Shirt unter den bemalten Stoff schieben.
▸ Das Motiv von der Rückseite etwa 5 Minuten lang bei Einstellung Baumwolle bügeln

DAS BRAUCHEN SIE

☐ weißes oder helles T-Shirt aus Baumwolle
☐ Bügeleisen
☐ Karton
☐ Motivvorlage Nr. 14
☐ flache Borstenpinsel (Nr. 2 und Nr. 4)
☐ feinen Haarpinsel (Nr. 2)
▪ **Stoffmalfarben:** Kirschrot, Rosenquarz (Rosa), Violett (rötlich), Aprikot, Sonnenblumengelb, Dunkelocker, Rehbraun, Maigrün, Moosgrün, Hellblau, Dunkelblau, Schwarz

Auf großer Fahrt

Katze und Bär sind unterwegs zum nächsten Abenteuer. Wer möchte mitfahren?

So wird's gemacht

Vorbereitungen
- Das T-Shirt erst waschen, dann trocknen und bügeln.
- Einen Karton zwischen die Vorder- und Rückseite des T-Shirts unter die zu bemalende Stofffläche schieben und die Motivvorlage in Brusthöhe auf die Vorderseite aufbügeln.

Ausmalen
- Die Katze mit einem Borstenpinsel weiß grundieren. In Dunkelocker Schattierungen anlegen und mit einem Haarpinsel rehbraune Streifen aufmalen. Die Gesichter in Schwarz mit einem feinen Haarpinsel gestalten, noch besser geht's mit einem Stoffmalstift.
- Das Fell des Bären mit Dunkelocker grundieren und die dunkleren Partien in Rehbraun schattieren. Die Ohren und die Partien um das Maul gestalten Sie mit Deckweiß, dem etwas Dunkelocker beigegeben wurde. Nase, Maul und Augen mit schwarzen Linien und Tupfen ausarbeiten. Zum Schluß die Mütze in Karminrot, Mittelgelb und Smaragd ausmalen.
- Die weißen Glanzpunkte in den Augen nicht vergessen!
- Das Auto mit Hellblau flächig grundieren. Die Stoßstange wird rotorange, die Reifen und das Steuerrad schwarz. Den Innenraum mit stark verdünnter weißer Farbe ausmalen, Türgriff und Felgen mit Weiß und Grau.

Fertigstellung
- Die Farben trocknen lassen.
- Sieht der Farbhersteller Bügelfixierung vor, den Karton entfernen, das T-Shirt auf links wenden und den Karton wieder einlegen.
- Das Motiv von der Rückseite 5 Minuten lang bei Einstellung Baumwolle bügeln.

DAS BRAUCHEN SIE

- blaues T-Shirt aus Baumwolle
- Bügeleisen
- Karton
- Motivvorlage Nr. 15
- flache Borstenpinsel (Nr. 2 und Nr. 4)
- feinen Haarpinsel (Nr. 2)
- *deckende* **Stoffmalfarben**: Karminrot, Rotorange, Mittelgelb, Dunkelocker, Rehbraun, Smaragdgrün, Hellblau, Schwarz, Weiß

Alle Vögel sind schon da

Die bunten Vögel werden mit Stoffmalstiften aufgemalt, das geht ähnlich leicht wie auf Papier.

So wird's gemacht

Vorbereitungen
▶ Kissenbezüge erst waschen, dann trocknen und bügeln.
▶ Einen Karton zwischen Vorder- und Rückseite des Kissenbezugs schieben und den Vogel und die Blume gleich mehrmals auf die Vorderseite aufbügeln.
▶ Den großen Vogel mit dem Phantomstift frei Hand auf die Kissenvorderseite zeichnen und einige Blumen danebensetzen. Oder Sie stellen sich eine eigene Bügelkopiervorlage her, wie auf Seite 11 und 13 beschrieben.

Ausmalen
▶ Alle Konturen mit schwarzem Stoffmalstift nachziehen.
▶ Mit farbigen Stoffmalstiften die Motivteile entsprechend der Abbildung ausmalen. Wenn Sie bewußt hier und da etwas Weiß stehen lassen, wirkt die Zeichnung locker und lebendig.

Fertigstellung
▶ Die Farben trocknen lassen.
▶ Sieht der Farbhersteller Bügelfixierung vor, den Karton entfernen und den Kissenbezug auf links wenden. Dann den Karton wieder in den Bezug schieben.
▶ Die Motive von der Rückseite 5 Minuten lang bei Einstellung Baumwolle bügeln.

DAS BRAUCHEN SIE
- weißen Baumwollkissenbezug (40 x 40 cm)
- Bügeleisen
- Karton
- Motivvorlage Nr. 16
- Phantomstift
- **Stoffmalstifte:** Rot, Gelb, Grün, Schwarz

Gespensterstunde

Um Mitternacht wird die kleine Gespensterschar putzmunter und bittet zum Tanz.

So wird's gemacht

Vorbereitungen
- Das Sweat-Shirt erst waschen, dann trocknen und bügeln.
- Einen Karton zwischen die Vorder- und Rückseite unter die zu bemalende Stofffläche schieben. Die Motivvorlage in Brusthöhe aufbügeln: zweimal das Gespenst ohne und einmal das mit dem Halstuch.

Ausmalen
- Alle Gespenster mit deckender weißer Stoffmalfarbe ausmalen.
- Das Halstuch in Scharlachrot gestalten. Für die Schattierungen wenig Schwarz zumischen. Ist die Farbe getrocknet, tupfen Sie mit dem Haarpinsel winzige weiße Punkte auf.
- Augen und Münder mit schwarzer Farbe aufmalen (mit Hilfe eines feinen Haarpinsels oder eines Stoffmalstiftes).
- Zum Schluß die Konturen mit weißer Plusterfarbe nachziehen.

Fertigstellung
- Nach dem Trocknen der Farben den Karton entfernen, das Sweat-Shirt auf links wenden und den Karton wieder unter den bemalten Stoff schieben.
- Das Motiv etwa 5 Minuten lang von der Rückseite bei Einstellung Baumwolle bügeln, so daß die Stoffmalfarben fixiert und die Plusterfarben aufgeplustert werden.

DAS BRAUCHEN SIE
- graues Sweat-Shirt aus Baumwolle
- Bügeleisen
- Karton
- Motivvorlage Nr. 17
- flache Borstenpinsel (Nr. 2 und Nr. 4)
- feinen Haarpinsel (Nr. 2)
- **deckende** Stoffmalfarben: Scharlachrot, Schwarz, Weiß
- weiße Plusterfarbe (Liner)

Tiger vor, noch ein Tor!

Unaufhaltsam stürmt der Tiger voran und schießt: Tor, Tor!
Ein ideales Motiv für kleine Fußballspieler.

So wird's gemacht

Vorbereitungen
- Das T-Shirt erst waschen, dann trocknen und bügeln.
- Einen Karton zwischen die Vorder- und Rückseite des T-Shirts unter die zu bemalende Stofffläche schieben.
- Die Motivvorlage in Brusthöhe auf die Vorderseite aufbügeln. Den Fußball ein zweites Mal etwas nach oben versetzt aufbügeln (vorher ausschneiden).

Ausmalen
- Die Grundfarbe des Tigers ist aus Gelb und Rehbraun gemischt und wird flächig mit dem Borstenpinsel aufgetragen. Schnauze und Innenohr zusätzlich mit Weiß aufhellen.
- Gestalten Sie die Linien und Tupfen des Gesichts und die Innenkonturen der Fußbälle mit einem feinen Haarpinsel (oder einem Stoffmalstift) in Schwarz.
- Mit dem Haarpinsel die schwarzen Fellstreifen des Tigers ausmalen.
- Das Hemd türkisblau anlegen und mit Schwarz schattieren.
- Die Felder der Fußbälle in Weiß und Schwarz gestalten, dabei die jeweils äußeren weißen Felder grau modellieren – so wirken die Bälle plastischer.

Fertigstellung
- Die Farben trocknen lassen.
- Sieht der Farbhersteller Bügelfixierung vor, den Karton entfernen und das T-Shirt auf links wenden. Dann den Karton wieder einschieben.
- Das Motiv von der Rückseite etwa 5 Minuten lang bei Einstellung Baumwolle bügeln.

DAS BRAUCHEN SIE
- hellgelbes T-Shirt aus Baumwolle
- Bügeleisen
- Karton
- Motivvorlage Nr. 18
- flache Borstenpinsel (Nr. 2 und Nr. 4)
- feinen Haarpinsel (Nr. 2)
- **Stoffmalfarben**: Sonnenblumengelb, Rehbraun, Türkisblau, Schwarz, Weiß

Stoffbilderbuch

Mit so einem weichen, waschbaren Bilderbuch macht schon den Kleinen das Blättern und Schauen Spaß.

So wird's gemacht

Vorbereitungen

- Aus weißem, gewaschenem und gebügeltem Baumwollstoff zwei Streifen im Format 15 x 54 cm zuschneiden und mit dem Phantomstift oder einem weichen Bleistift jeweils in folgende Abschnitte unterteilen: 1 cm, 13 cm, 13 cm, 13 cm, 13 cm, 1 cm.
- Die Stoffstreifen auf eine Lage Zeitungspapier legen und in jedes große Feld ein anderes Motiv aufbügeln.

Ausmalen

- Die einzelnen Motive mit Stoffmalfarben entsprechend den Abbildungen ausmalen. Dabei die Flächen teilweise schattieren.
- Zum Schluß die Konturen der Motive mit einem Stoffmalstift oder Liner schwarz nachziehen und trocknen lassen.

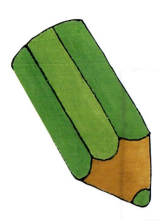

DAS BRAUCHEN SIE

- weißen Baumwollstoff (30 x 54 cm)
- Phantomstift oder weichen Bleistift
- Bügeleisen
- alte Zeitungen
- Motivvorlagen Nr. 19 und Nr. 20
- flache Borstenpinsel (Nr. 2 und Nr. 4)
- feinen Haarpinsel (Nr. 2)
- dünnes Vlies (15 x 55 cm)
- Stecknadeln
- weißes Nähgarn
- Nähmaschine
- **Stoffmalfarben:** Kirschrot, Bordeauxrot, Rosenquarz (Rosa), Orange, Sonnenblumengelb, Dunkelocker, Maigrün, Moosgrün, Türkis, Weiß
- Tubenfarbe (Liner) oder Stoffmalstift in Schwarz

Fertigstellung

▶ Die Farben trocknen lassen.
▶ Sieht der Farbhersteller Bügelfixierung vor, die Motivstreifen umdrehen und von der Rückseite 5 Minuten lang bei Einstellung Baumwolle bügeln.
▶ Einen der beiden bemalten Stoffstreifen mit der linken Seite auf den passend zugeschnittenen Vliesstreifen legen und feststecken. Die beiden Längsseiten mit der Nähmaschine im Zickzackstich zusammennähen.
▶ Den zweiten, nicht hinterfütterten Motivstreifen rechts auf rechts darauflegen (die Motive liegen jetzt direkt aufeinander) und die beiden Teile an zwei Längs- und einer Schmalseite 1 cm von Rand entfernt zusammensteppen; dabei die zweite Schmalseite offen lassen, damit das Teil später gewendet werden kann.
▶ Die Ecken der Nahtzugaben schräg abschneiden (dabei die Naht nicht verletzen) und den Stofftunnel wenden. An der offenen Seite die Nahtzugaben nach innen einschlagen und diese zweite Schmalseite von Hand mit möglichst unsichtbaren Stichen zunähen.
▶ Das Stoffbuch entlang der drei senkrechten Unterteilungslinien absteppen, damit es sich später besser klappen läßt.

AUFBÜGELVORLAGEN

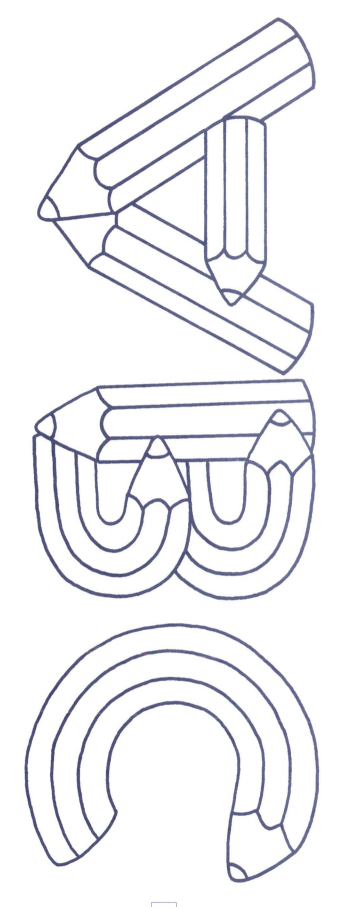

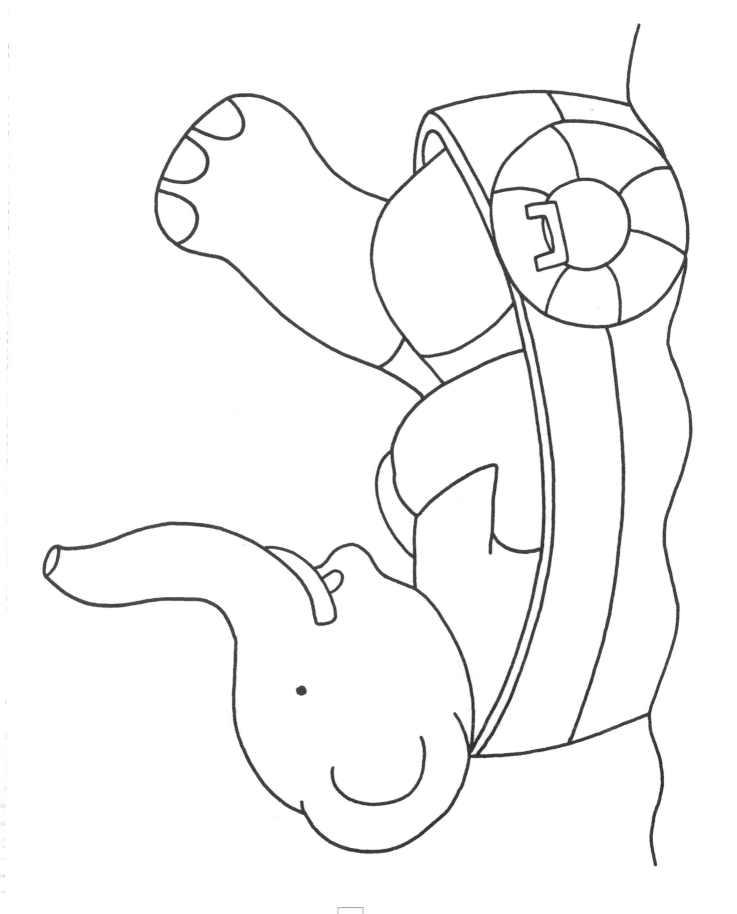

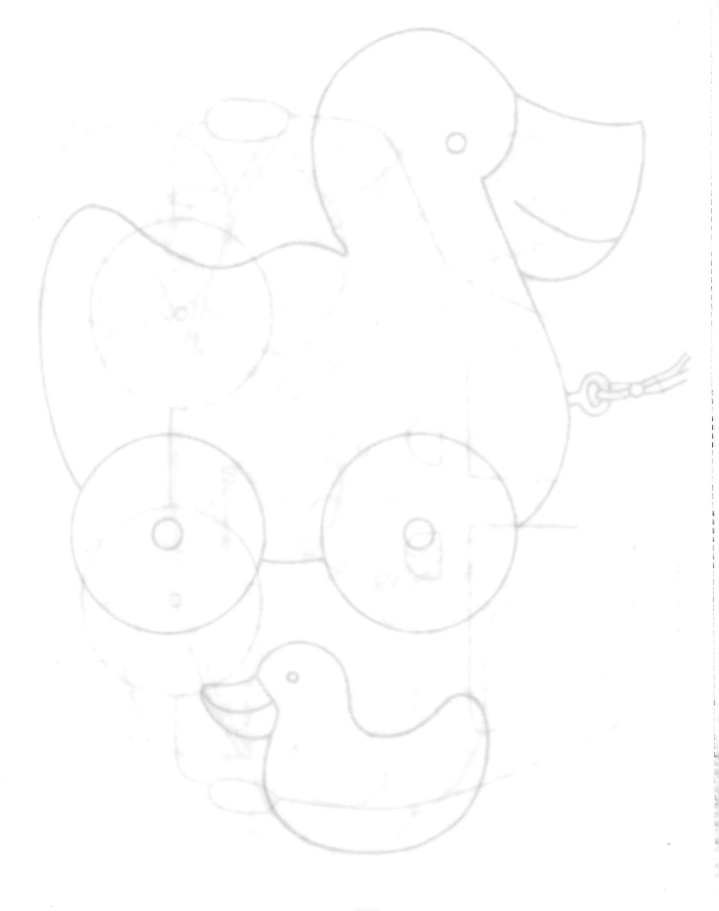

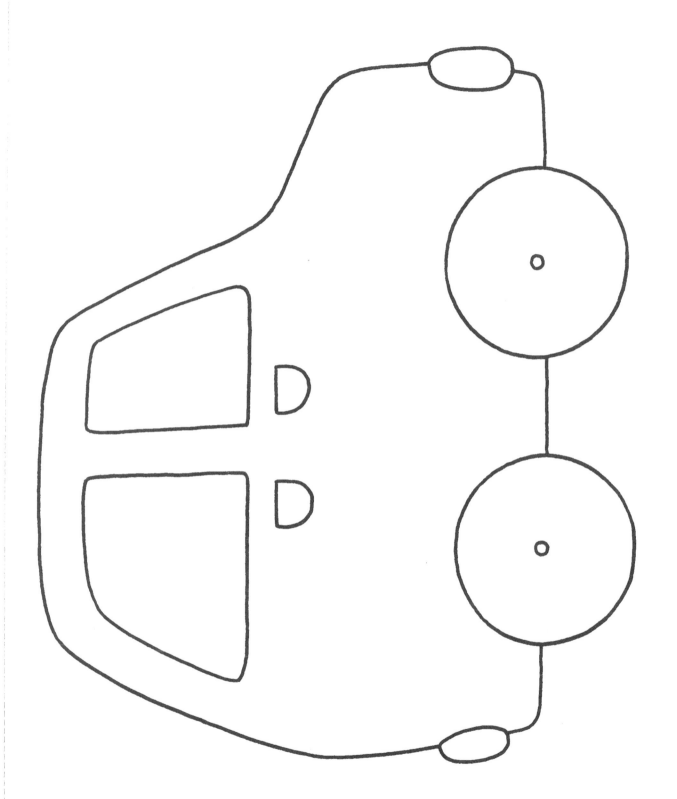

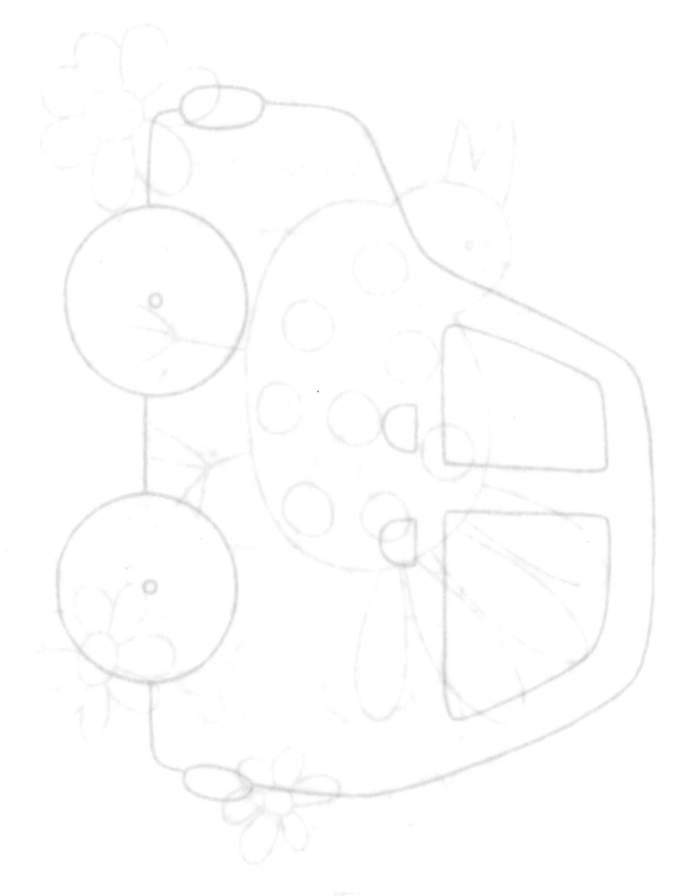

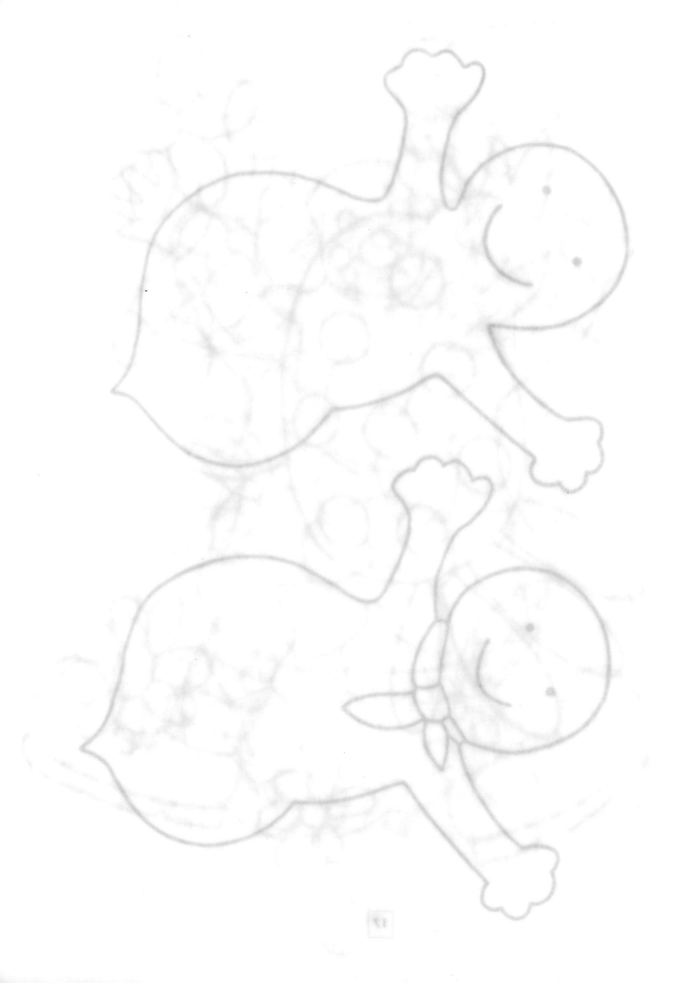

ABCDE
FGHIJK
LMNOP
QRSTU
VWXYZ

ABCDE
FGHIJK
LMNOP
QRSTU
VWXYZ

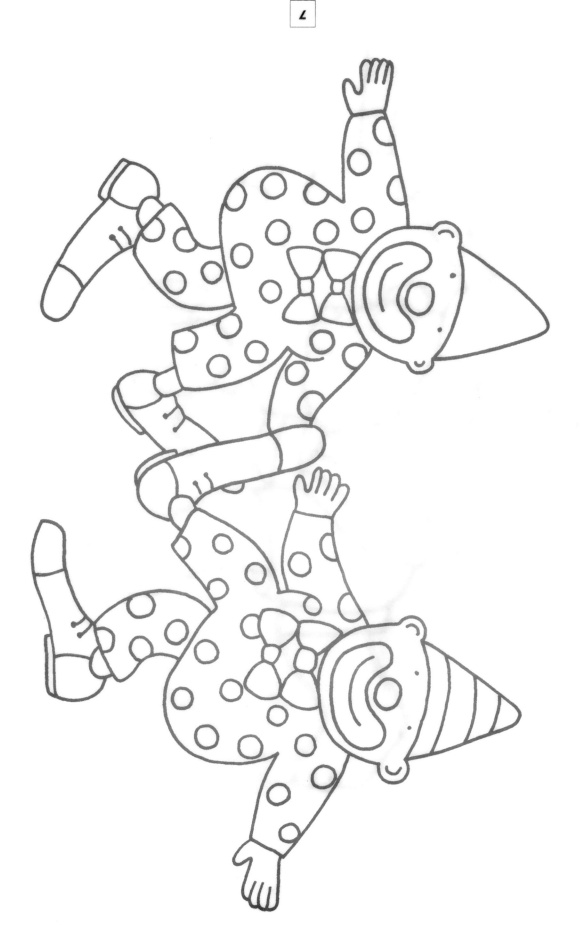